AF578399

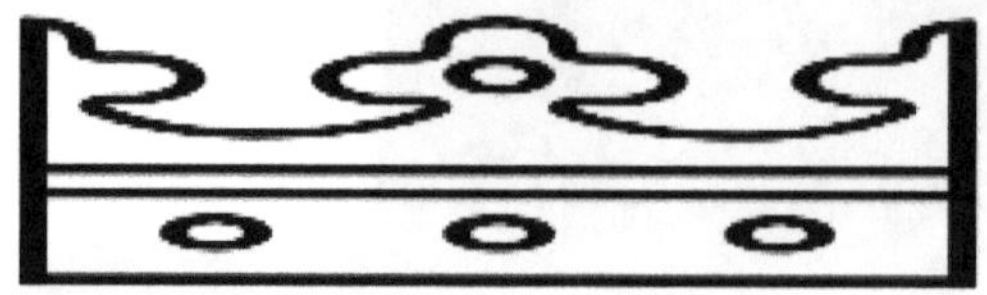

Start

L'histoire de Joseph

Au nom d'Allah, le plus miséricordieux, le plus miséricordieux
1. Alif, Lam, Ra. Ce sont les versets du Livre Clair.
2. Nous avons révélé un coran arabe pour que vous le compreniez.
3. Nous vous raconterons l'histoire la plus précise en vous révélant ce Coran. Même si vous ne le saviez pas avant.
4. Quand Joseph dit à son père : « O mon père, j'ai vu onze planètes, le soleil et la lune ; J'ai vu comment ils m'ont salué."
5. Il dit : « mon fils, ne partage pas ta vision avec tes frères de peur qu'ils planifient et complotent
Complot contre vous. Satan est l'ennemi juré de l'homme.

6. Et ainsi ton Seigneur te choisira, et vous enseignera l'interprétation des événements et complétera ses bénédictions pour vous et la famille de Jacob, comme il l'a fait plus tôt pour vos ancêtres Abraham et Isaac. Votre Seigneur est Connaissant et Sage.
7. En Joseph et ses frères sont des leçons pour le chercheur.
8. Quand ils ont dit : « Joseph et son frère sont plus chers à notre père que nous, même si nous sommes un groupe entier. Notre père a manifestement tort.
9. « Tuez Joseph ou jetez-le à la campagne et l'attention de votre père sera la vôtre. Après ça, vous êtes des gens honnêtes."

10. L'un d'eux dit : « Ne tuez pas
Joseph, mais jetez-le au fond du puits ;
une caravane peut venir le chercher - si
vous devez faire quelque chose. "
11. Ils dirent : « Père, pourquoi ne nous
confie-tu pas Joseph alors que nous
nous occupons de lui ?
12. « Envoyez-le avec nous demain
pour qu'il puisse errer et jouer ; nous
prendrons soin de lui."
13. Il a dit : « Je crains que vous ne
l'emmeniez avec vous. Et j'ai peur que
le loup puisse le manger tant que vous
ne le manipulez pas avec précaution. »
14. Ils dirent : « Si le loup voulait le
manger, et nous sommes nombreux,
nous serions inutiles à quoi que ce soit.
15. Ils partirent donc avec lui et
convinrent de le déposer au fond du
puits. Et Nous l'avons inspiré : « Vous
les informerez de leur acte s'ils ne le
savent pas.

16. Et le soir ils vinrent vers leur père en pleurant.
17. Ils dirent : « Père, nous nous sommes reposés ensemble, laissant Joseph avec nos biens ; et le loup l'a mangé. Mais vous ne nous croirez pas, même si nous sommes honnêtes."
18. Et ils ont mis sa chemise avec du faux sang. Il a dit : « Votre âme vous a amené à faire quelque chose. Mais la patience est belle, et Allah est mon secours contre ce que vous décrivez."
19. Une caravane passa et ils envoyèrent leur porteur d'eau. Il abaissa son seau et dit : « Bonne nouvelle. Il y a un garçon ici. »Et ils l'ont caché comme une marchandise. Mais Allah était conscient de ce qu'ils faisaient.
20. Et ils l'ont vendu à bas prix - quelques pièces de monnaie - et pensaient qu'il avait peu de valeur

21. L'Égyptien qui l'a acheté dit à sa femme : « Prends soin de lui ; il peut nous être utile, ou nous pouvons l'adopter comme fils.» C'est ainsi que nous avons mis Joseph à la campagne pour lui apprendre l'interprétation des événements. Allah contrôle Ses affaires, mais la plupart des gens ne le savent pas.
22. Quand il a atteint sa maturité, Nous lui avons donné la sagesse et la connaissance. C'est ainsi que nous récompensons les justes.
23. Elle, dans la maison de qui il vivait, a essayé de le séduire. Elle a fermé les portes et a dit : « Je suis à toi. Il a dit : « Allah nous en préserve ! Il est mon maître. Il m'a donné une bonne maison. Les pécheurs ne réussissent jamais."

24. Elle le désirait, et il la désirait s'il n'avait pas vu le témoignage de ses maîtres. Nous avons ainsi détourné de lui le mal et l'indécence. Il était l'un de Nos fidèles serviteurs.
25. Alors qu'ils couraient vers la porte, elle lui a arraché sa chemise par le dos. Ils ont rencontré son mari à la porte. Elle a dit : « Quelle est la peine pour quiconque a essayé de déshonorer votre femme, autre qu'une peine de prison ou une peine douloureuse ?
26. Il a dit : « C'est elle qui a essayé de me séduire. Un témoin de sa maison suggère : « Si le devant de sa chemise est déchiré : alors elle disait la vérité, c'est lui le menteur en dessous.
27. Mais si sa chemise est déchirée dans le dos : alors elle a menti et c'est lui le vrai. "
28. Et quand il a vu que le dos de sa chemise était déchiré, il a dit : « C'est un plan de femme. Vos intrigues sont en effet sérieuses."

29. « Joseph, détourne-toi d'elle. Et toi, femme, demande pardon pour ton péché ; vous avez en effet tort. »
30. Certaines femmes de la ville ont dit : « La femme du gouverneur essaie de séduire son serviteur. Elle est profondément amoureuse de lui. On voit qu'elle s'est perdue."
31. Et quand elle entendit parler de leur conversation, elle les invita et leur prépara un repas, et leur donna à chacun un couteau. Elle a dit : « Sortez avant eux. » Et quand ils le virent, ils furent stupéfaits de lui et se coupèrent les mains. Ils dirent : « Bon Dieu, ce n'est pas un humain, ce doit être un ange précieux.
32. Elle a dit : « Le voici pour qui tu m'as reproché. J'ai essayé de le séduire, mais il a refusé. Mais s'il ne fait pas ce que je lui dis, il sera enfermé et méprisé."

33. Il dit : « Monsieur, la prison m'est plus désirable que ce qu'ils m'appellent. Si vous ne détournez pas leurs plans de moi, je peux leur céder et devenir l'un des ignorants. "
34. Son maître lui répondit et détourna leurs plans de lui. Il est l'auditeur, celui qui sait.
35. Il leur est venu à l'esprit, après avoir vu les signes, de l'enfermer pendant un certain temps.
36. Deux adolescents ont été emmenés avec lui en prison. L'un d'eux a dit : « Je me vois presser du vin. L'autre dit : « Je me vois porter du pain sur la tête que mangent les oiseaux. Dites-nous votre interprétation - nous verrons que vous faites partie des justes."

37. Il dit : « On ne te servira pas de nourriture, mais je t'en ai informé avant que tu ne la reçoives. C'est une partie de ce que mon Seigneur m'a enseigné. J'ai abandonné la tradition des gens qui ne croient pas en Allah ; et par rapport à l'au-delà, ce sont des négateurs.
38. « Et j'ai suivi la foi de mes ancêtres Abraham, Isaac et Jacob. Nous n'avons pas le droit d'associer quoi que ce soit à Allah. C'est à cause de la grâce d'Allah sur nous et sur les gens, mais la plupart des gens ne remercient pas.
39. « O mes codétenus, est-ce que différents maîtres sont meilleurs ou Allah l'Un, le Très-Haut ? »

40. « Vous n'adorez que des noms en dehors de celui que vous avez nommé, vous et vos ancêtres, pour lesquels Allah n'a révélé aucune autorité. Le jugement n'appartient qu'à Allah. Il a commandé que vous n'adoriez personne d'autre que Lui. C'est la bonne religion, mais la plupart des gens ne la connaissent pas.
41. « Oh mes codétenus ! L'un de vous servira le vin de son maître ; Pendant que l'autre est crucifié et que les oiseaux mangent de sa tête. Votre demande est maintenant réglée."
42. Et il dit à ce qu'il pensait être libéré : « Parle de moi à ton Seigneur. Mais Satan lui a fait oublier de le mentionner à son maître, et il est donc resté en prison pendant plusieurs années.

43. Le roi dit : « Je vois sept vaches grasses se faire manger par sept maigres, sept épis verts et d'autres se dessécher. O anciens, si vous êtes capables d'interpréter des visions, expliquez-moi ma vision. "44. Ils ont dit:" Rêve confusion, et nous ne savons rien de l'interprétation des rêves ".
45. L'homme libéré a dit après s'être rappelé après un certain temps : « Je vais vous dire son interprétation, alors envoyez-moi dehors.
46. « Joseph, ô homme de vérité, dis-nous que sept vaches grasses ont été mangées par sept vaches maigres, et sept oreilles vertes et d'autres se sont desséchées, afin que je retourne vers le peuple afin qu'il le sache. "
47. Il a dit : « Vous cultiverez pendant sept années consécutives. Mais quoi que vous récoltiez, laissez-le dans les épines, sauf le peu que vous mangez."

48. Après cela viendront sept difficiles qui consomment ce que vous avez gardé pour eux, en plus du peu que vous avez gardé.
49. Après cela viendra une année qui apportera du soulagement au peuple et au cours de laquelle il fera pression.
50. Le roi dit : « Apportez-le-moi. Et quand le Messager vint à lui, il dit : « Va ! retournez voir votre maître et renseignez-vous sur les intentions des femmes qui leur ont coupé les mains ; mon Seigneur est très au courant de vos plans. "
51. Il a dit : « Et vous, femmes, quand vous avez essayé de séduire Joseph ? Ils dirent : « Allah nous en préserve ! Nous ne savions aucun mal qu'il avait commis. » La femme du gouverneur a alors dit : « Maintenant, la vérité est connue. J'ai essayé de le séduire et il dit la vérité."
52. "Pour qu'il sache que je ne l'ai pas trahi en secret et qu'Allah ne guide pas les intrigues des traîtres."

53. « Pourtant, je ne prétends pas être innocent. L'âme commande le mal, sauf à ceux dont mon Seigneur a pitié. En vérité, mon Seigneur est indulgent et miséricordieux."

54. Le roi dit : « Apportez-le-moi et je le garderai pour moi. Et quand il lui a parlé, il a dit : « Aujourd'hui, tu es ferme et en sécurité avec nous.

55. Il dit : « Laisse-moi les provisions du pays ; Je suis honnête et compétent."

56. Et ainsi Nous avons mis Joseph dans le pays pour qu'il habite où il a choisi. Nous touchons qui Nous voulons avec Notre Miséricorde, et Nous ne gaspillons jamais le salaire de la justice.

57. Mais la récompense de l'au-delà est meilleure pour ceux qui croient et obéissent à la piété.

58. Et les frères de Joseph vinrent et se dressèrent devant lui. Il les a reconnus, mais ils ne l'ont pas reconnu

59. Als er sie mit ihrem Proviant versorgte, sagte er: „Bring mir einen Bruder von deinem Vater. Siehst du nicht, dass ich das Maß fülle und der beste Gastgeber bin?“
60. "Aber wenn du ihn nicht zu mir bringst, wirst du kein Maß von mir haben und du wirst mir nicht nahekommen."
61. Sie sagten: „Wir werden ihn von seinem Vater erbitten. Wir werden es sicherlich tun.“
62. Er sagte zu seinen Dienern: Steckt ihr Hab und Gut in ihre Satteltaschen; vielleicht werden sie es erkennen sie, wenn sie zu ihren Familien zurückkehren, und vielleicht werden sie zurückkommen.“
63. Als sie zu ihrem Vater zurückkehrten, sagten sie: „O Vater, uns wurde das Maß verweigert, aber senden Sie unseren Bruder mit uns, und wir werden Maß nehmen. Wir werden auf ihn aufpassen.“

64. Il dit : « Dois-je te confier à lui comme je t'ai confié à son frère ? Allah est le meilleur Gardien et Il est le Plus Miséricordieux des Miséricordieux."
65. Et quand ils ont ouvert leurs bagages, ils ont constaté que leurs biens leur étaient rendus. Ils ont dit : « Père, que voulons-nous de plus ? Voici nos marchandises qui nous ont été retournées. Nous allons subvenir aux besoins de nos familles, protéger notre frère et avoir un chargement supplémentaire de chameaux. C'est un commerce facile."
66. Il dit : « Je ne l'enverrai pas avec vous, à moins que vous ne fassiez l'engagement devant Allah de me le ramener à moins que vous ne soyez pris au piège. Et quand ils lui firent vœu, il dit : « Allah est témoin de ce que nous disons.
67. Et il dit : « O mes fils, n'entrez pas par une seule porte, mais par des portes différentes. Je ne peux rien te faire de bien contre Allah. La décision appartient à Allah seul. Je compte sur lui et les dignes de confiance comptent sur lui."

68. Et lorsqu'ils entrèrent, comme leur père le leur avait ordonné, ils ne furent d'aucune utilité contre Allah ; ce n'était qu'un besoin dans l'âme de Jacob qu'il exauça. Il était un connaisseur de la façon dont Nous lui avons appris, mais la plupart des gens ne le savent pas.
69. Et quand ils arrivèrent en présence de Joseph, il embrassa son frère, et dit : Je suis ton frère ; ne sois pas triste de ce qu'ils faisaient avant."
70. Pendant qu'il leur fournissait leurs provisions, il mit le gobelet dans la sacoche de son frère. Alors un annonceur a appelé : « O gens de la caravane, vous êtes des voleurs.
71. Ils ont dit quand ils sont venus vers elle : « Qu'est-ce qui ne va pas chez toi ?
72. Ils dirent : « La coupe du roi nous manque. Celui qui l'apportera aura une charge de chameau ; et je le garantis personnellement."

73. Ils dirent : « Par Allah, vous savez que nous ne sommes pas venus troubler le pays et que nous ne sommes pas des voleurs.
74. Ils dirent : « Quelle devrait être sa punition si vous mentez ?
75. Ils dirent : "Son châtiment, s'il se trouve dans sa poche, ce sera le vôtre. C'est ainsi que nous punissons les coupables."
76. Alors il a commencé avec ses sacs, devant le sac de son frère. Puis il l'a sorti de la poche de son frère.Nous avons donc fait un plan pour Joseph; il ne pouvait pas faire enfermer son frère sous la loi du roi à moins qu'Allah ne le veuille. Nous exaltons peu à peu qui Nous voulons ; et au-dessus de toute personne savante se trouve un autre savant.
77. Ils dirent : « S'il a volé, un frère de son a volé avant. Mais Joseph le garda pour lui et ne le leur révéla pas. Il a dit: "Vous êtes dans une situation pire et Allah sait ce que vous dites."

78. Ils dirent : « O noble prince, il a un père, un très vieil homme, alors prends l'un de nous à sa place. Nous voyons que vous êtes une bonne personne."
79. Il a dit : « Allah nous interdit d'arrêter quiconque, sauf celui en la possession duquel nous avons trouvé notre propriété ; car alors nous serions injustes."
80. Et quand ils désespéraient de lui, ils le consultaient en privé. Son aînée dit : « Ne sais-tu pas que ton père a reçu une promesse de ta part devant Allah et que tu as échoué dans le passé à propos de Joseph ? Je ne quitterai pas cette terre jusqu'à ce que mon père me le permette ou qu'Allah décide pour moi ; parce qu'il est le meilleur décideur."
81. « Retourne vers ton père et dis : 'Notre père, ton fils a volé. Nous ne témoignons que de ce que nous savons et nous n'aurions pas pu empêcher l'imprévu. »

82. « Demandez à la ville dans laquelle nous étions et à la caravane dans laquelle nous sommes entrés. Nous sommes honnêtes."

83. Il dit : « Il est plus probable que vos âmes aient inventé quelque chose pour vous. La patience est une vertue. Peut-être qu'Allah me les ramènera tous. Il est le connaisseur, le sage."

84. Puis il se détourna d'eux et dit : « O mon amertume pour Joseph. Et ses yeux devinrent blancs de chagrin, et il fut foudroyé.

85. Ils dirent : « Par Allah, vous ne cesserez de vous souvenir de Joseph jusqu'à ce que vous ayez ruiné votre santé ou que vous soyez mort.

86. Il a dit : « Je me plains seulement de mon chagrin et de mon chagrin à Allah, et je sais d'Allah ce que vous ne savez pas.

87. «O mes fils, allez vous renseigner sur Joseph et son frère et ne désespérez pas de la consolation d'Allah. Personne, à part les incrédules, ne désespère de la consolation d'Allah. »

88. Puis, lorsqu'ils arrivèrent en sa présence, ils dirent : « Puissant gouverneur, le malheur est arrivé à nous et à notre famille. Nous avons apporté quelques marchandises avec nous. Mais donne-nous la pleine mesure et sois bienveillant envers nous - Allah récompense les bienfaiteurs. »
89. Il dit : « Vous rendez-vous compte de ce que vous avez fait à Joseph et à son frère dans votre ignorance ?
90. Ils dirent : « C'est toi, Joseph ? Il a dit : « Je suis Joseph et voici mon frère. Allah nous a fait grâce. Ceux qui pratiquent la piété et la patience - Allah ne manque jamais de récompenser les justes."
91. Ils dirent : « Par Allah, Allah vous a préféré à nous. Nous nous sommes définitivement trompés."
92. Il a dit: «Aujourd'hui, il n'y a pas de faute avec vous. Allah vous pardonnera. Il est le Plus Miséricordieux des Miséricordieux."

93. « Enlevez-moi cette chemise et placez-la sur le visage de mon père et il verra à nouveau. Et amenez-moi toute votre famille."

94. Alors que la caravane partait, son père dit : « Je sens la présence de Joseph, bien que vous puissiez penser que je suis sénile.

95. Ils dirent : « Par Allah, vous êtes toujours dans votre ancienne confusion.

96. Puis, lorsque le messager de la bonne nouvelle est arrivé, il l'a mise sur son visage et il a recouvré la vue. Il dit : « Ne vous ai-je pas dit que je sais d'Allah ce que vous ne savez pas ?

97. Ils dirent : « Père, prie pour le pardon de nos péchés ; nous étions en fait à blâmer.

98. Il dit : « Je demanderai à mon Seigneur de vous pardonner. Il est le Pardonneur, le Plus Miséricordieux

99. Puis, lorsqu'ils arrivèrent en présence de Joseph, il serra ses parents dans ses bras et dit : « Entrez en Égypte, Allah le veut, en toute sécurité.
100. Et il éleva ses parents sur le trône, et ils se prosternèrent devant lui. Il a dit : « Père, ceci est l'accomplissement de ma vision d'il y a longtemps. Mon Seigneur l'a réalisé. Il m'a béni en me libérant de la prison et en vous faisant sortir du désert après que le diable ait semé des querelles entre moi et mes frères. Mon Seigneur est bon envers qui Il veut. Il est l'omniscient, le plus sage."
102. Ce sont des nouvelles du passé que Nous vous révélons. Ils n'étaient pas là quand ils ont fait un plan et se sont mis d'accord sur un plan

103. Mais la plupart des gens, malgré votre zèle, ne sont pas croyants.
104. Vous ne demandez pas de salaire. C'est juste un souvenir pour toute l'humanité.
105. Combien de signes dans les cieux et sur la terre passent-ils sans y prêter attention ?
106. Et la plupart d'entre eux ne croient en Allah que s'ils s'allient avec d'autres.
107. Etes-vous sûr qu'aucun voile du châtiment d'Allah ne viendra sur vous ou que l'heure ne viendra pas soudainement sur vous sans que vous ne le sachiez ?
108. Dis : C'est ma voie ; J'invite à Allah sur la base d'une connaissance claire - moi et quiconque

Suivez-moi. Gloire à Allah ; et je n'appartiens pas aux polythéistes."

109. Nous n'avons envoyé devant vous que des hommes que Nous avons inspirés parmi les habitants des villes. N'ont-ils pas parcouru la terre et vu les conséquences pour leurs prédécesseurs ? La maison de l'au-delà est meilleure pour ceux qui sont justes. Ne comprends-tu pas?
110. Jusqu'à ce que les messagers soient désespérés et croient qu'ils ont été rejetés, Notre aide leur est venue. Nous sauvons qui nous voulons et notre austérité ne se détourne pas des coupables.
111. Il y a une leçon d'intelligence dans leurs histoires. Ce n'est pas une histoire inventée, mais une confirmation du passé et une explication détaillée de toutes choses, ainsi que des conseils et de la miséricorde pour ceux qui croient

fin de l'histoire

L'auteur de cette histoire est Dieu Tout-Puissant. Cette histoire vient du Noble Coran, l'un des livres célestes que Dieu a révélés à Son Messager, tels que la Torah, l'Evangile et d'autres livres que Dieu a révélés à Ses Messagers

www.ingramcontent.com/pod-product-compliance
Lightning Source LLC
LaVergne TN
LVHW020541160826
845677LV00015B/4154

* 9 7 9 8 5 3 6 0 3 0 9 7 4 *